[N°. 28.]

RECUEIL

DE MÉMOIRES

SUR

LES ÉTABLISSEMENS

D'HUMANITÉ.

AVERTISSEMENT DE L'ÉDITEUR.

Le précis qu'on va lire, est extrait, comme l'annonce le titre, d'un ouvrage italien qui renferme les détails les plus étendus sur les hospices de Florence. J'ai pensé qu'une grande partie de ces détails intéresserait peu, et surtout qu'ils n'apprendraient rien de nouveau sur l'administration et sur la distribution des secours publics ; j'ai donc cru pouvoir m'écarter de la regle que j'ai suivie jusqu'aujourd'hui, de traduire plutôt que d'analyser.

PRÉCIS

SUR L'HOPITAL

DE SAINTE-MARIE-LA-NEUVE,

A FLORENCE,

EXTRAIT de l'ouvrage italien intitulé *Regolamento dei regi Spedali di Santa - Maria - Nuova e di Bonifazio*; in-4°. imprimé à Florence en 1780.

PAR AD. DUQUESNOY.

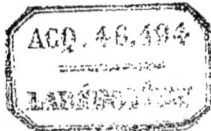

A PARIS,

Chez { H. AGASSE , imprimeur-libraire, rue des Poitevins, n°. 18.
HENRICHS , libraire, rue de la Loi, n°. 288.

AN X.

PRÉCIS

SUR L'HOPITAL

DE SAINTE-MARIE-LA-NEUVE,

A FLORENCE.

L'HÔPITAL de Sainte-Marie-la-Neuve, à Florence, fut fondé vers la fin du treizieme siecle, par un simple particulier nommé *Foulquet de Ricovero Portinari*. La protection spéciale des papes et du gouvernement, de grands priviléges, des concessions successives, la réunion des biens-fonds et revenus de divers hospices et couvens, des legs pieux, d'abondantes aumônes, mais surtout la munificence nationale dans les beaux jours de la république de Florence, en firent dans la suite le plus magnifique monument de la bienfaisance publique, et ses sages réglemens lui mériterent l'honneur de servir de modele aux plus célebres hôpitaux de l'Europe. Nous allons offrir un précis de sa constitution et du régime administratif et économique de cet hôpital, tels qu'ils subsistent aujourd'hui, depuis la réforme faite en 1783 dans son ancien réglement. L'hôpital de Bonifazio, réuni à cette époque à celui de Sainte-Marie-la-

Neuve, fut particuliérement destiné à recevoir les incurables, les infirmes, les personnes attaquées de folie ou de maladies cutanées. Nous donnerons aussi une idée de son organisation, qui diffère peu de l'autre.

Ces deux hôpitaux réunis sont soumis à la direction immédiate d'un commissaire nommé par le grand-duc de Toscane, et revêtu de toute l'autorité nécessaire pour y maintenir le bon ordre et l'observation des réglemens. L'organisation générale se divise en trois branches. La premiere se rapporte à l'administration des revenus ou du patrimoine commun. Le bureau est composé d'un ordonnateur et trois commis, d'un trésorier et deux commis, d'un archiviste et deux garçons de service. L'emploi du surintendant des malades appartient encore à cette premiere branche, parce que ses fonctions embrassent également les deux hôpitaux : elles s'étendent à tout ce qui concerne l'admission, la cure, le traitement et les besoins des malades.

La seconde branche se subdivise en deux autres, offrant, l'une, l'administration de Sainte-Marie-la-Neuve, pour les malades susceptibles de guérison; l'autre, celle de Bonifazio, pour les incurables, les fous, etc.

La premiere est composée, pour le spirituel,

de huit capucins, prêtres, et d'un laïc, dont le
chef a le titre de président; et, pour le service
temporel, de six médecins en chef, six autres médecins en second, douze substituts, quatre assistans et un certain nombre d'éleves. Il y a de plus
deux lithotomes, trois chirurgiens en chef, trois
chirurgiens en second, deux substituts, huit éleves
et un garçon de service. La pharmacie a un surintendant, six aides et un garçon de service. Les
malades des deux sexes sont distribués dans des in-
firmeries séparées, dont chacune est sous la direction d'un infirmier ou d'une infirmiere, subordonné
au surintendant-général des malades. L'infirmier des
hommes a sous ses ordres un sous-infirmier, pris
parmi les éleves pensionnaires et les éleves en chirurgie; des assistans, également pris parmi les
éleves; deux portiers et quarante-cinq personnes
chargées de différens services. L'infirmerie des
femmes est administrée par des Sœurs de Charité,
dont une infirmiere, une sous - infirmiere; six
femmes de traitement, une dépositaire, et un grand
nombre de femmes de service et de garde; une
sage-femme avec deux aides, dans la salle des
femmes en couches. Celles qui ont le plus d'an-
cienneté d'âge et de service sont chargées du soin
des convalescens.

A cette premiere subdivision de la seconde

branche appartient encore l'école des éleves pensionnaires des deux hôpitaux. On y donne des cours de médecine-pratique, d'anatomie, de physiologie, de chirurgie élémentaire et pratique, d'accouchement, de botanique, de chimie et de pharmacie.

L'administration économique et domestique termine cette premiere subdivision. Elle est confiée à un chef qui, ayant un aide sous ses ordres, et un nombre suffisant de gens de service, dirige celui du vestiaire, de la cantine, de la cuisine, de la dépense, de la panneterie, etc. Il y a inspection sur les réfectoires des éleves, des gens de service, etc.

La troisieme branche embrasse l'administration de l'hôpital Bonifazio, laquelle se rapporte, comme l'autre, au service immédiat des malades et aux détails de l'économie domestique. Le service immédiat des malades y est dirigé par un premier et un second infirmier, qui sont toujours, l'un le médecin, et l'autre le chirurgien en chef de l'hôpital. C'est à leurs soins que sont confiées les quatre classes d'individus des deux sexes qu'on y admet, qui sont, comme nous l'avons observé, les incurables alités, les incurables non alités, les personnes en démence et ceux attaqués de maladies cutanées. Chacune de ces classes occupe une infirmerie séparée, et a son service particulier.

L'économie domestique est confiée à un chef nommé par le grand-duc, sous le titre de chef de la maison, ayant un substitut sous ses ordres. Sa surveillance s'étend à tout ce qui concerne le vestiaire, la dépense, la panneterie, la cuisine, etc.

L'hôpital de Sainte-Marie-la-Neuve est vaste, bien aéré, et fourni de toutes les commodités et de tous les ustensiles nécessaires à son service, au traitement et au soulagement des malades des deux sexes. Ils sont chacun dans un quartier à part, et dans un certain nombre de salles attribuées, les unes au département de la médecine, les autres à celui de la chirurgie. Les premieres, au nombre de dix, sous différentes dénominations, renferment, pour les hommes, quatre cent cinquante-quatre lits, outre un quartier séparé pour les hydrophobes, avec un nombre indéterminé de lits, et toutes les précautions et dispositions nécessaires pour leur procurer du soulagement et les empêcher de nuire à leurs voisins. Les secondes, appartenantes à la chirurgie, contiennent cent trente-cinq lits; en tout, cinq cent quatre-vingt-neuf lits pour les hommes. Il y a un quartier séparé pour les personnes nobles, et un autre en bon air et en agréable exposition pour les convalescens.

Le service de l'infirmerie des hommes est confié à un infirmier et un sous-infirmier, ayant sous

A 3

leurs ordres vingt jeunes éleves en chirurgie, et quarante-deux domestiques gagés. Le service des éleves est distribué en gardes de jour et gardes de nuit, relevés de six heures en six heures. Chaque garde est composée de quatre éleves, dont les deux premiers portent le titre de caporal et de sous-caporal, et les deux autres celui d'assistans ; les domestiques servent aussi à tour de rôle, dix par chaque garde. Les éleves, ainsi que les domesti-ques, ne peuvent, pendant la durée de leur ser-vice, sortir de leurs quartiers respectifs, sous aucun prétexte. Ils doivent être constamment éveillés pen-dant la nuit, et ne peuvent, en aucun cas, se jeter sur un lit. Il leur est spécialement enjoint de traiter les malades avec tous les égards et toute l'humanité que leur état exige, et d'obéir avec zele et précision aux ordres de leurs supérieurs.

L'infirmier est nommé par le grand-duc, sur la présentation de son commissaire, chargé en chef de la surveillance générale de l'hôpital. Il doit être immatriculé chirurgien et avoir les connaissances de son état, ainsi que celle des réglemens et usages de la maison. Son principal soin est de veiller à ce que les éleves en chirurgie, ainsi que toutes les per-sonnes chargées d'un service quelconque, remplis-sent exactement leurs devoirs. Il est tenu d'assister à la visite que les médecins et les chirurgiens font aux malades ; de tenir un registre exact du nombre des malades dans chaque salle , des maladies particulieres de chacun d'eux , dés prescriptions faites chaque jour par les médecins , du traitement circonstancié des chirurgiens , du régime qu'ils font observer ; de tout ce qui se rapporte au service de l'apothicaire et de ses aides , des éleves et des domestiques , à la police de la maison , etc. Ce registre doit être réguliérement soumis au surintendant de l'hôpital.

Le sous-infirmier est choisi par le commissaire du grand-duc , parmi les éleves en chirurgie les plus distingués par leurs bonnes mœurs , leur intelligence et leur capacité.

Les domestiqués sont sous la surveillance particuliere et la direction de deux d'entr'eux , choisis par le commissaire parmi ceux qui se distinguent le plus par leur bonne conduite et leur activité. Ils portent le titre de caporal et sous-caporal.

Dans la salle où se réunissent les différentes personnes chargées d'un service quelconque dans l'hôpital , se trouve un tableau présentant un précis des devoirs qu'elles ont respectivement à remplir.

Le quartier des convalescens est commode , aéré , sans communication avec l'atmosphere vicié de l'hôpital. Les convalescens y trouvent tous les secours et les restaurans nécessaires pour l'entier rétablissement de leur santé, qu'ils ne pourraient se procurer dans leurs familles. Ce quartier est sous la direction principale du surintendant des malades, et subsidiairement de l'infirmier, qui tiennent note de ceux qui y sont admis, et veillent à ce qu'ils soient bien traités, bien servis, bien soignés, et à ce que l'air qu'ils respirent, soit constamment pur et adapté à leur état de convalescence. Deux gardes choisis par le commissaire parmi les domestiques les plus probes et les plus zélés, sont chargés du service personnel des convalescens.

De l'infirmerie des femmes.

Dans un quartier entiérement séparé de l'infirmerie des hommes, se trouve celle des femmes, laquelle se divise aussi en deux départemens distincts, celui des médecins et celui des chirurgiens. L'un et l'autre renferment quatre cent quarante-cinq lits, distribués dans douze salles, dont une à huit lits pour les femmes nobles, et une autre à douze lits pour les femmes en couche.

Ces regles d'admission, le traitement, l'organisation et l'ordre du service sont à peu près les mêmes que dans l'infirmerie des hommes. Une infirmiere et une sous-infirmiere, subordonnées au surintendant général ; cinquante-six Sœurs de la Charité et quarante séculieres à gages se partagent le service intérieur de l'infirmerie : il se fait à tour de rôle, et par gardes relevées de six heures en six heures.

Un quartier entiérement séparé de l'hôpital est destiné aux pauvres malades enceintes. Cette infirmerie est dirigée par l'infirmiere, sous la surveillance du surintendant-général. Elle a, sous ses ordres, quatre veuves, dont une doit avoir suivi les cours ordinaires d'accouchement ; elles sont chargées de cette partie du service, qui ne peut convenablement être remplie par les Sœurs de la Charité ou par les filles qui leur sont subordonnées.

Il y a aussi un quartier en bon air et en bonne exposition pour les femmes convalescentes.

Cours public sur les différentes branches de l'art de guérir.

Huit professeurs attachés à l'hôpital de Sainte-Marie-la-Neuve donnent des leçons publiques sur les diverses branches de la l'art de guérir, telles que la médecine-pratique, l'anatomie, la chirurgie élémentaire, la chirurgie-pratique et l'art d'opérer sur les cadavres ; l'accouchement, les principes de botanique et de matiere médicale ;

la chimie et la pharmacie. On a réuni à toutes les autres commodités possibles une collection suffisante d'appareils, d'instrumens et autres moyens d'instruction.

Les jeunes gens admis à ces cours publics sont de deux différentes classes, celle des praticiens externes, et celle des praticiens attachés à l'hôpital.

La direction générale des études est confiée à un président nommé par le grand-duc, sur la présentation de son commissaire.

Le cours de médecine-pratique consiste principalement à diriger les éleves et les médecins assistans, dans l'observation et l'examen des maladies ; à indiquer leurs différens caracteres, suivant la différence des saisons, et à leur faciliter l'application de la théorie aux observations déjà faites. C'est pour atteindre ce but, qu'on a adopté dans cet hôpital la méthode suivie à Edimbourg, d'enseigner la médecine-pratique auprès du lit des malades, encore plus qu'en chaire, et de rendre ce cours d'instruction aussi complet qu'il est possible, en le prolongeant dans les diverses saisons de l'année. Le surintendant de l'hôpital fait préparer, dans un quartier convenable, dix lits de l'infirmerie des hommes et dix de celle des femmes. Ces lits sont destinés à recevoir les sujets dont les maladies offrent une grande variété de symptômes, et dont la cure est particuliérement difficile. Le professeur est chargé de visiter et de traiter ces malades, pour l'instruction des élèves, qui sont tenus de l'accompagner dans ses visites. Il leur démontre et leur fait remarquer les caracteres et les périodes de ces maladies, leur indique les questions qu'ils doivent faire aux malades et à la garde, pour en connaître la nature et les accidens extraordinaires; il interroge ses élèves sur l'opinion qu'ils ont de telle ou telle maladie, et sur la méthode qu'ils croiraient devoir suivre dans son traitement. C'est ainsi qu'il fait connaître à ces élèves l'historique des maladies les plus remarquables, qu'il en fait suivre les développemens sur quelque sujet de l'un ou de l'autre sexe, et qu'il en démontre, avec toute la clarté dont il est capable, les causes, les symptômes, les révolutions, le mode de traitement et l'issue; démonstration qu'il pousse jusqu'à l'ouverture du cadavre, dans les cas où la malade aurait eu le malheur de succomber. — Deux mois de chaque saison sont consacrés à cette instruction. Durant les mêmes mois, excepté thermidor et fructidor, le professeur enseigne, depuis dix jusqu'à onze heures du matin, la maniere d'appliquer la théorie aux observations qu'on a eu occasion de faire, d'où il résulte un cours de médecine-pratique, dont la durée est de deux ans.

Le cours d'anatomie a lieu deux fois la semaine. Il dure deux ans. Le professeur, après avoir développé de la maniere la plus claire et la plus précise, l'examen des diverses parties qui composent le corps humain, fait connaître à ses éleves les auteurs qui ont le plus éminemment contribué à avancer les progrès de la science anatomique. Il ajoute à ses instructions, tous les éclaircissemens, les explications et l'application nécessaires, et leur indique les dissections qu'ils doivent faire. Il est de plus chargé de faire subir des examens publics et particuliers aux éleves, toutes les fois qu'il en est requis par le président ou le commissaire, et de leur remettre, ainsi que le font tous les autres professeurs, un état de tous les éleves qui ont suivi son cours, avec des notes sur les dispositions naturelles et la capacité respective de chacun d'eux.

Le professeur de chirurgie élémentaire donne une leçon d'une heure chaque semaine, et son cours dure deux ans. Il traite d'abord de la physiologie, c'est-à-dire, la connaissance de l'état naturel de l'homme vivant; connaissance indispensable au chirurgien, qui doit savoir jusqu'où peuvent s'étendre les forces d'un corps vivant, en quoi consiste l'état de santé, et ce qui en constitue la privation ou l'état de maladie.

Il traite ensuite de la pathologie chirurgicale,

c'est-à-dire, des maladies du corps humain , qui requierent l'application d'un traitement externe ou les opérations manuelles.

Enfin il passe à la therapeutique ou à cette partie de la chirurgie qui regle les modes du traitement chirurgical , dans les cas susceptibles de guérison ; qui apprend à calmer les symptômes trop violens et les effets les plus graves de ceux qui ne le sont point.

Quand les éleves ont acquis une connaissance suffisante du corps humain vivant et en état de santé, ainsi que de la nature , des causes, des symptômes et du caractere des accidens qui sont du ressort de la chirurgie, on entre dans le développement des maladies particulieres ; ce qui forme l'objet du cours des *cas pratiques*. Ce cours occupe une heure chaque semaine , et embrasse cinq divisions générales , qui servent de base aux leçons du professeur , à savoir : les tumeurs , les coups , les plaies , les fractures et les luxations.

Aux instructions générales et particulieres sur les diverses maladies et le mode de leur traitement, succedent les opérations mécaniques de la chirurgie. Le démonstrateur donne ses leçons dans l'école ordinaire , et en offre successivement l'application dans l'amphitâthére d'anatomie, un jour de chaque semaine , de onze heures à midi, depuis brumaire jusqu'à thermidor : la durée de son cours est de deux ans.

Quand le démonstrateur se trouve avoir, en sa qualité de chirurgien, quelque grande opération à faire, il a soin d'en avertir ses élèves, et de leur faire exécuter à l'avance, sur un cadavre, afin qu'ils puissent distinguer la différence qu'on trouve à opérer sur un corps vivant.

Il y a un cours particulier d'accouchement, dans lequel le démonstrateur développe toute la théorie et les opérations les plus difficiles de cette partie si intéressante de la chirurgie. Il y joint, dans l'amphithéâtre, les démonstrations pratiques nécessaires ; et on lui délivre pour cet objet les cadavres dont il a besoin. Il fait assister ses élèves aux opérations d'accouchement dont il est chargé dans l'hôpital. En cas qu'une des femmes vienne à mourir en couches, il procède, en présence de ses élèves, à l'ouverture du cadavre, pour constater l'état où il se trouve, et les causes de l'accident. Le cours se continue deux jours de la semaine, de brumaire à messidor.

Le professeur de chimie pharmaceutique donne ses leçons deux jours de la semaine, et fait ses démonstrations et ses expériences dans une salle de l'apothicairerie, dite le *Museum*, et dans le laboratoire chimique. Il traite des substances simples médicinales, et s'applique particiliérement à indiquer les lieux d'où on les tire; l'art de les préparer, de les conserver, de les appliquer; leurs usages dans les arts et les manufactures. Quant à leurs vertus médicinales et à leurs caracteres botaniques, ce développement forme l'objet d'un autre cours. Il passe ensuite aux opérations pharmaceutiques, dans leurs rapports avec la chimie.

Tous les éleves en médecine, chirurgie et pharmacie sont tenus d'assister aux leçons de botanique et de matiere médicale. Ce cours dure deux ans. Les leçons se donnent en floréal, prairial et messidor, cinq jours de la semaine, vers six heures du soir, dans le jardin botanique annexé à l'hôpital, ou dans l'école qui l'avoisine. Depuis brumaire jusqu'en floréal le professeur donne, une fois la semaine, des leçons sur les plantes seches et les autres productions naturelles des trois regnes, en tant qu'elles ont quelques rapports avec l'art de guérir. Un gardien du jardin botanique est chargé, sous la direction du professeur, de cultiver, conserver et propager toutes les plantes, herbes, simples, arbustes, etc. du jardin, et d'y maintenir l'ordre par sa surveillance.

La bibliotheque de l'hôpital, enrichie de tous les ouvrages et Mémoires les plus estimés sur les diverses branches de l'art de guérir, est ouverte au public, et spécialement aux éleves, presque tous les jours de la semaine. C'est le président des études qui en est le bibliothécaire. Un fonds annuel est destiné à l'entretien et à l'augmentation de ce précieux dépôt.

L'hôpital de Bonifazio, réuni à celui de Sainte-Marie-la-Neuve, est destiné aux incurables, aux sujets attaqués de folie ou de maladies cutanées, à son organisation et son administration particulières, mais qui different très-peu, dans leur ensemble et dans leurs détails, de celles de Sainte-Marie-la-Neuve. Ce que nous en avons dit suffit pour en donner une idée.

F I N.

www.ingramcontent.com/pod-product-compliance
Lightning Source LLC
Chambersburg PA
CBHW060720280326
41933CB00012B/2499